FRANCIA: RAÍCES TEÓRICAS DE MAYO DEL 68

Lecturas importantes

Andrea Revueltas

Idbcom LLC

Diseño de la portada de: Pintor artístico
Número de control de la Biblioteca del Congreso: 2018675309
Impreso en los Estados Unidos de América

FRANCIA: RAÍCES TEÓRICAS DE MAYO DEL 68

Andrea Revueltas

Antecedentes

El movimiento de 1968 fue precedido en Francia por un periodo –que se había iniciado en la década de los 50– de crecimiento económico, pleno empleo y cierta prosperidad. Se vivía entonces en una sociedad de la abundancia y el consumo. Sin embargo, reinaba un malestar difuso, un vacío existencial, que algunos intelectuales empezaron a captar y que más tarde la juventud empezó a denunciar. Por su parte, numerosos sectores de la clase media se sentían frustrados y exigían mayor participación en la vida pública y mejor distribución de la riqueza y de las responsabilidades.

Entre 1957 y 1958 empieza a florecer la crítica radical y resurgen corrientes críticas revolucionarias que durante años habían estado congeladas por el estalinismo reformista imperante; estas corrientes impugnaban los aparatos estatales y todo tipo de poder, sus manipulaciones, sus coacciones y sus violencias; se denunciaba también al estalinismo y al régimen soviético, se sostenía que la enajenación del hombre imperaba en todas las sociedades, ya sean capitalistas o socialistas o del tercer mundo, y que para transformar la sociedad, para liberar al hombre era necesario algo más que la simple colectivización de los medios de producción.

El pensamiento radical de la época giraba alrededor del análisis crítico de la sociedad moderna y de la vida cotidiana, crítica que tenía como fin la superación de sus limitaciones alienantes.

Crítica de la vida cotidiana

En 1947, Henri Lefebvre publicó La crítica de la vida cotidiana. Este libro está construido en torno a un concepto que el marxismo dogmático había dejado de lado, el concepto de enajenación, que Marx retomó de Hegel y de Feuerbach, que desarrolló en sus obras de juventud y que más tarde sirvió de base a la teoría económica del fetichismo de la mercancía. Para Lefebvre, la vida cotidiana englobaba tanto la producción como el consumo, las actividades profesionales, las relaciones directas (familiares, sociales), el esparcimiento y la cultura. Lefebvre advertía que el gran progreso científico y técnico que se vivía prefiguraba lo posible, es decir, la posibilidad de la realización de una sociedad más justa. Sin embargo, esto no era así, por el contrario, él denunciaba una separación entre la actividad productiva y la vida privada, esta última cada vez más empobrecida y enajenada, dominada por el conformismo, por el culto de lo nuevo por lo nuevo en un mundo carente de poesía.

Lefebvre publica en octubre de 1957 *El manifiesto del romanticismo revolucionario*, texto que junto a *La suma y la resta*, del mismo autor (1958), van a tener influencia en Guy Debord, quien en 1958 funda la Internacional Situacionista y cuyas ideas van a tener una repercusión muy importante en el movimiento estudiantil del 68, momento en que la crítica radical alcanza su apogeo.

Los situacionistas publicarán durante 12 años *La Internacional Situacionista* (1958-1969), la revista tuvo 12 números; desde el primero (junio de 1958), Debord enuncia sus tesis sobre la revolución cultural que propone para Francia y para el mundo, estas tesis están construidas teniendo como referencia a Lefebvre, pero a la vez pretenden superar el romanticismo lefebvriano. Por un cierto tiempo los situacionistas y Lefebvre realizan el camino juntos; Lefebvre y Debord, en medio de discusiones, van desarrollando uno y otro sus teorías sobre la modernidad, el arte y la revolución y la crítica de la vida cotidiana. Lefebvre habla de los momentos, Debord, de las situaciones. El momento, dice Lefebvre, como la situación, es al mismo tiempo proclamación de lo absoluto y conciencia de lo pasajero, se encuentra en el camino de lo estructural y de lo coyuntural y el proyecto de una situación construida (como postulan los situacionistas) es un ensayo de estructura dentro de lo coyuntural. Para Debord, el momento es principalmente temporal, mientras la situación tiene una dimensión espacio-temporal. Los momentos construidos en situación pueden ser considerados como de ruptura, de aceleración, de las revoluciones en la vida cotidiana individual. Ambos coinciden en la caracterización de la vida cotidiana como alienada. Debord, haciendo uso de una expresión enérgica, dirá que la vida cotidiana está literalmente colonizada y que conduce a la alienación extrema. Más tarde terminan por discrepar y separarse. Para los situacionistas, Lefebvre era reformista y ellos propugnaban la crítica radical, por salir de la teoría y crear una práctica de nuevo tipo.

Para la Internacional Situacionista, la vida en la sociedad moderna, sometida a los imperativos económicos y al consumismo, se reduce a ser una mera supervivencia, a la que se califica de no vida. La racionalidad interna del sistema capitalista necesita un crecimiento económico ininterrumpido y meramente cuantitativo, por lo que la producción de mercancías se vuelve un fin en sí.

En la sociedad de consumo dirigido, todo se vuelve mercancía, puesto que el valor de uso ha sido desplazado por el valor de cambio, y el valor de cambio de las mercancías ha terminado por dirigir su uso. Una vez satisfechas las necesidades primarias, se fabrican seudonecesidades (un segundo auto, un nuevo refrigerador, etcétera.) El empobrecimiento y la descomposición de la vida cotidiana corresponden a la transformación del capitalismo moderno, que tiene como razón última el consumo; todas las relaciones humanas se modulan según este esquema consumista.

La vida privada es monótona y gris, repetitiva (*metro, boulot, dodo*, es decir, que la vida de los citadinos se reduce al transporte, a la chamba y a dormir para recuperar la fuerza de trabajo). El hombre moderno es conformista, pasivo, manipulado, se le crean placeres ficticios, se vuelve consumidor de ilusiones, la vida se reduce a simulación de la vida, a un mero espectáculo, a una representación en la que privan la monotonía, la ausencia de fantasía, en suma, es una vida alienada que se aleja cada vez más de la vida auténtica, entendida esta última como realización de todos los deseos humanos, como paso del reino de la necesidad al reino de la libertad. Y las alienaciones no dejan de multiplicarse y renovarse.

El espectáculo, que es el resultado de la escisión cada vez más profunda entre el objeto y la manera como se le representa (su representación), se instaura cuando la mercancía ocupa la totalidad de la vida social; a la producción alienada se agrega el consumo alienado en la economía mercantil espectacular: el paria moderno no es tanto el productor separado de su producto, sino sobre todo el consumidor, que se ha vuelto consumidor de ilusiones.

Los análisis de los situacionistas y del propio Lefebvre siguen los *Manuscritos económico-filosóficos* y la teoría de la fetichización y la reificación de la mercancía de Marx. Pero no hacen de ellos una exégesis, sino que los desarrollan y superan al adaptarlos a la sociedad moderna. La alienación, que en Marx se circunscribe al mundo de la producción, Lefebvre y los situacionistas la extienden al conjunto de la vida social en todos sus aspectos, desde lo económico hasta lo cultural en el sentido más amplio de la palabra. La praxis está escindida entre la realidad y la apariencia: entre el hombre y sus obras, entre sus deseos y sus sueños se ha interpuesto una cantidad cada vez mayor de mediaciones alienantes.

Por lo demás, la crítica de la vida cotidiana y de su alienación no se limitaba a ser un análisis teórico, sino que pretendía desembocar en una praxis revolucionaria basada en la autogestión generalizada y los consejos obreros.

La crítica de la sociedad mercantil espectacular estaba ya presente en el movimiento surrealista; los situacionistas la retomaron y la desarrollaron haciendo una crítica de toda la cultura en la medida en que ésta se había aburguesado. Ellos pretendían ser los portadores del espíritu moderno, para ellos la revolución política debía producir situaciones nuevas, se trataba no solamente de cambiar al grupo dirigente, pensaban que había que cambiar las relaciones entre los individuos, acordaban una importancia esencial a las relaciones entre hombres y mujeres diciendo que había que reinventarlas, y no sólo lo decían, sino que lo vivían.

De cierta manera, el 68 marcó el triunfo de las ideas situacionistas, pero marcó también el fin de su organización, porque si bien habían preconizado la formación de un movimiento revolucionario desde 1961, suponían que éste debía desaparecer en cuanto la revolución comenzara, momento en que podría realizarse la autogestión generalizada, y los acontecimientos de mayo parecían anunciar por fin la revolución.

En Francia, ya en diciembre de 1966, en la ciudad de Estrasburgo se había producido gran escándalo cuando el comité local de la Unión Nacional de los Estudiantes de Francia (UNEF) manifestó su adhesión a las tesis de la Internacional Situacionista y publicó el folleto titulado De la miseria en el medio estudiantil, que tuvo gran éxito e influencia en el movimiento que iba a estallar dos años después. En el texto, publicado en forma anónima, pero redactado por Mustapha Khayati, de origen tunecino, el sector estudiantil es descrito como la categoría social más enajenada, razón por la cual la falsa conciencia se encuentra en él en estado puro y esto lo vuelve incapaz de realizar por sí mismo la crítica de la universidad, de su papel en el seno de la sociedad y de su propia enajenación. A pesar de ello, el autor presentía el arribo de un periodo de impugnación propulsado por la juventud que no sería, sin embargo, más que el signo precursor de un próximo estallido revolucionario.

A principios de 1968, en enero, la agitación iniciada por un pequeño grupo de estudiantes denominados Los rabiosos (Les Enragés) en la Universidad de Nanterre iba a producir cinco meses más tarde la casi desaparición del Estado francés. El grupo de Los rabiosos surgió cuando se produjo una lucha contra la presencia de policías en el campus universitario. A partir de entonces reinó en esta universidad un clima de efervescencia y agitación.

El Movimiento

Dos meses más tarde, el 22 de marzo, los grupos izquierdistas de esta universidad ocuparon la sala de consejo de la facultad para llevar a cabo una asamblea de protesta contra el arresto de seis militantes antiimperialistas. En ese momento comenzó a constituirse un movimiento que reunía distintas corrientes izquierdistas en torno a dos banderas: por la lucha antiimperialista y por un nuevo tipo de organización basado en la democracia directa; después se conoció como Movimiento 22 de Marzo. Daniel Cohn-Bendit, quien pertenecía a un grupo anarquista que publicaba la revista Negro y Rojo, representaba la tendencia más radical de este movimiento.

En esos días, las autoridades amenazaron con expulsar a Cohn-Bendit y a seis dirigentes más, y el 2 de mayo las autoridades cerraron la Universidad de Nanterre, hechos que aumentaron el descontento estudiantil. Para protestar, el 3 de mayo se convocó a un mitin en La Sorbona, que las autoridades trataron de dispersar. Además, fuera de La Sorbona algunas decenas de fascistas del grupo Occidente rodearon amenazadoramente el edificio. Varios rabiosos organizaron la autodefensa y a falta de otra cosa comenzaron a romper muebles para utilizarlos como armas. La policía invadió La Sorbona sin encontrar resistencia y se pidió a los estudiantes abandonar el recinto; éstos salieron con lentitud y empezaron a congregarse en las calles vecinas; los cabecillas fueron detenidos. Cuando pasaron por el Barrio Latino los camiones en los que llevaban a los presos, estalló la sublevación. Varios miles de manifestantes hicieron frente a los ataques de la policía durante varias horas. Seiscientas personas fueron arrestadas.

De manera inmediata, el Sindicato Nacional de la Enseñanza Superior y la UNEF decretaron la huelga. El domingo 5 de mayo fueron condenados a sufrir penas de prisión cuatro manifestantes, lo que hizo más aguda la irritación. El día 6 se llevaron a cabo varias manifestaciones y en la tarde comenzaron a construirse las primeras barricadas, múltiples combates se entablaron en las calles y al anochecer unos 10 mil estudiantes ocupaban el Barrio Latino. De la periferia de París acudieron bandas de jóvenes armados con barras de hierro para apoyar a los estudiantes. Los enfrentamientos continuaron hasta después de la medianoche. Numerosos coches fueron volcados e incendiados, los adoquines de las calles se utilizaron para hacer barricadas, inscripciones subversivas comenzaron a aparecer en los muros. Ese día empezaron a participar obreros, estudiantes de enseñanza media, bandas de la periferia y jóvenes desempleados.

El viernes 10 de mayo más de 20 mil personas participaron en una manifestación. Al llegar al Barrio Latino, encontraron copadas por la policía todas las salidas que desembocaban en el río Sena, por lo cual decidieron permanecer ahí hasta que La Sorbona fuera devuelta. Hacia las nueve de la noche se empezaron a construir barricadas. Entre las 10 de la noche y las dos de la madrugada los rebeldes controlaron el barrio, a las 2:15 las fuerzas que los rodeaban comenzaron a atacar; la batalla es muy dura, los jóvenes lograron resistir hasta las 5:30 de la madrugada. Los habitantes del barrio mostraron su solidaridad con los estudiantes, les ofrecieron víveres, lanzaron agua para combatir el gas lacrimógeno, les dieron asilo. Por la mañana, la policía rastreó el barrio y detuvo a todos los que parecían sospechosos. La batalla de esa noche causó en todo el país un gran estupor, la gente se indignó por la violencia excesiva de las fuerzas del orden.

El sábado 11 de mayo los sindicatos convocaron a una jornada de huelga para el 13. El gobierno comenzó a cambiar de actitud; en la mañana del 13 la policía abandonó La Sorbona, que fue ocupada por los estudiantes. Ese día desfilaron por las calles de París cerca de un millón de trabajadores junto a estudiantes y maestros. Las banderas rojas y negras se mezclaron entre la multitud.

De manera espontánea se produjo un acontecimiento decisivo: los ocupantes de La Sorbona decidieron abrirla a los trabajadores. En aquella venerable universidad comenzaron a realizarse discusiones eminentemente democráticas y esto tuvo gran impacto sobre los obreros del país al mostrarles sus propias posibilidades. Había completa libertad de expresión y esa noche apareció la primera inscripción de inspiración situacionista: La humanidad no será feliz sino hasta el día en que el último burócrata sea ahorcado con las tripas del último capitalista.

El 14 de mayo se fundó el Comité de Rabiosos-Internacional Situacionista, que comenzó a llenar de inscripciones y carteles con consignas radicales las paredes de La Sorbona. Ese mismo día se realizaron ocupaciones de otras facultades y escuelas de enseñanza superior. Al final de la misma jornada, obreros de aviación de Nantes ocuparon su fábrica y encerraron en sus oficinas a los directores. Los estudiantes de Nantes acudieron a dar apoyo a los huelguistas.

La ocupación de esa fábrica fue un acto de capital importancia: el movimiento había desbordado los recintos universitarios e invadido las fábricas.

El 15 de mayo los obreros de automóviles Renault de Cléon se lanzaron a la huelga, ocuparon su fábrica y encerraron también a sus directores. En otras industrias se hizo lo mismo. Al finalizar el día, 300 personas ocuparon el teatro Odeón, en París.

La tarde del 16 de mayo fue el momento en que la clase obrera, de manera irreversible, se involucró en el movimiento. A las 14 horas la planta de Renault de Flins fue ocupada; entre las 15 y las 17 horas la huelga salvaje (esto es, espontánea) se impuso en Renault-Billancourt. Por todas partes se realizaban ocupaciones de fábricas, que también se extendieron a las oficinas públicas.

Todos los grupos izquierdistas decidieron hacer una manifestación a las 20 horas hacia Renault-Billancourt, la fábrica más grande de Francia, con fuerte tradición de luchas sociales. Tres o 4 mil ocupantes de La Sorbona, con banderas rojinegras, llegaron a Billancourt, pero la Central General de Trabajadores (CGT, central sindical estalinista vinculada al Partido Comunista Francés, PCF) impidió que el encuentro se llevara a cabo. La posibilidad de una alianza obrero-estudiantil no gustaba ni al PCF ni al gobierno.

Al día siguiente, los obreros de las empresas parisinas que estaban en huelga acudieron a La Sorbona para establecer el contacto obrero-estudiantil que los sindicatos habían impedido la víspera en las puertas de las fábricas.

El 16 de mayo marcó el momento en el que la clase obrera

francesa se involucró a fondo en el movimiento estudiantil, con las huelgas salvajes (es decir, espontáneas) que estallaron en las plantas de Renault en Flins y Billancourt y que siguieron con la ocupación de fábricas y oficinas públicas. Al día siguiente la huelga se extendió a casi toda la industria metalúrgica y química. Varias estaciones de ferrocarriles estaban ocupadas y circulaban muy pocos trenes. Los carteros ocupaban ya sus oficinas. El 18 de mayo, Air-France y la RATP (metro de París) se lanzan a la huelga. Para el lunes 20 de mayo la huelga era general. Había seis millones de huelguistas y en los días siguientes iban a llegar a ser más de 10.

Desencadenado de manera espontánea, el movimiento de ocupación marcó desde un principio su distancia frente a toda clase de consignas impuestas y contra el control de los sindicatos. La amplitud de las huelgas obligó a los sindicatos a emprender desde ese momento una rápida contraofensiva cuyo objetivo era acabar con las huelgas salvajes, reducir el vasto y profundo movimiento de impugnación a simples huelgas económicas con reivindicaciones estrictamente profesionales. La burocracia sindical, directamente amenazada, debía primeramente frenar las iniciativas de la base trabajadora y poner fin a su autonomía naciente; por lo tanto, comenzaron a incorporarse a los Comités de huelga, desplazando a la base a la que terminaron finalmente por aislar, suplantándola más tarde en las negociaciones que se entablaron con los empresarios y el gobierno.

La estrategia seguida por la Central General de Trabajadores (CGT) y el Partido Comunista Francés (PCF) fue condenar toda idea de huelga de tipo libertario e insurreccional, proponiendo a cambio toda una serie de demandas y reivindicaciones circunscritas al mero marco profesional y económico. Se atacaba la lucha revolucionaria y en su lugar se proponía la lucha reformista.

La CGT convocó a una jornada de reivindicaciones para el viernes 24, llevando a cabo una tranquila manifestación; pero ese mismo día, al saberse que el gobierno francés había prohibido la residencia a Daniel Cohn-Bendit (de origen alemán), los jóvenes volvieron a luchar en la calle donde, a pesar de las consignas en contra del PCF, participaron los obreros. Éstos se habían incorporado a la lucha no solamente porque estaban en contra de sus sindicatos, sino porque simpatizaban con el movimiento estudiantil y juntos participaron en la construcción de barricadas, quema de autos, ataques a las comisarías. Los enfrentamientos se prolongaron hasta el alba. Una parte de los manifestantes había logrado incendiar la Bolsa, pero el Templo del Capital no fue sino parcialmente destruido. Dos comisarías de policía fueron saqueadas y los vehículos policiales fueron quemados. Al mismo tiempo varios miles de amotinados combatían a la policía en la ciudad de Lyon; otro tanto sucedía en Burdeos, Nantes y Estrasburgo.

Cambiar la vida, transformar el mundo

La gente, sin conocerse, conversaba en las calles; la vida cotidiana adquiría un nuevo valor. Sin trenes, sin metro, sin automóviles, sin trabajo, los huelguistas recuperaban el tiempo tristemente perdido en las fábricas, en las rutinas monótonas, en el metro o frente a la televisión. La gente se paseaba, soñaba, aprendía a vivir de otra manera. Se respiraba la libertad.

La organización jerárquica de la sociedad dejaba de verse como una fatalidad irremediable, la lucha contra el Estado y sus policías, así como contra patrones y líderes –a los que se había expulsado de los centros de trabajo– se había vuelto una realidad.

Se daba libre curso a la creatividad en las inscripciones y volantes, en el lenguaje, en el comportamiento, en las relaciones humanas, en las técnicas de combate, en las canciones.

El 25 de mayo, como respuesta al estado insurreccional, el gobierno y las burocracias sindicales de manera coincidente hicieron declaraciones a favor de la prohibición de las manifestaciones y en pro de la negociación inmediata.

Durante la mañana del 27 de mayo, Georges Seguy, dirigente de la CGT, se dirigió a los obreros de Renault-Billancourt para anunciarles los acuerdos a los que habían llegado los líderes sindicales, el gobierno y los patrones. Los obreros de manera unánime rechazaron los acuerdos de Grenelle. El 30 de mayo, el general De Gaulle lanzó dos propuestas: nuevas elecciones legislativas o la represión. El ejército se movilizó en los alrededores de París. Los líderes sindicales y del PCF optaron inmediatamente por las elecciones. Para entonces, la lucha autónoma de los trabajadores se encontraba bloqueada tanto por el Estado como por las burocracias sindicales. En este contexto el movimiento comenzó a perder fuerza.

El 30 de mayo, la burguesía expresó abiertamente su apoyo al régimen en una gran manifestación en los Campos Elíseos. Después de tres semanas de ausencia casi total del Estado, éste empezó a expulsar a los obreros de las fábricas bajo la consigna de que había que terminar con las huelgas para poder realizar las elecciones.

Por su parte, las dirigencias obreras después de haber fracasado al tratar de negociar un acuerdo a escala nacional comenzaron a negociar sector por sector, empresa por empresa. Fue una tarea larga y difícil. Por todas partes los huelguistas se negaban a reanudar el trabajo. Pero a partir del 6 de junio los empleados de bancos y de seguros recomenzaron a trabajar. La SNCF (ferrocarriles nacionales) en la que dominaba la CGT también volvió al trabajo. Ese mismo día, la policía expulsó a los huelguistas de la fábrica de Renault en Flins. Los obreros lanzaron un llamado a la reocupación de la fábrica. Varios miles de estudiantes se movilizaron para ir en su apoyo, pero apenas unas centenas pudieron llegar para combatir junto a los obreros. Durante 12 horas, dos mil obreros y estudiantes enfrentaron en los campos y calles de los pueblos aledaños a cuatro mil gendarmes. Inútilmente esperaron a que llegaran refuerzos para apoyarlos puesto que la CGT había impedido la salida de los obreros de Boulogne-Billancourt e impidieron en la estación de Saint-Lazare que se pusieran trenes a disposición de los manifestantes que querían ir a combatir a Flins.

Finalmente poco a poco los sindicatos lograron la reanudación del trabajo. Sólo los metalúrgicos seguían resistiendo. El 11 de junio la policía intervino contra ellos. El enfrentamiento, muy violento, duró varias horas. Por primera vez, las fuerzas del orden dispararon contra la multitud. Dos obreros murieron.

A pesar de todo, el 12 de junio hubo todavía otra noche de motín a causa de un estudiante muerto en los combates de Flins. Pero al día siguiente, el Estado decretó la disolución de las organizaciones trotskistas, maoístas y del 22 de marzo. Los estudiantes terminaron por abandonar La Sorbona. Los últimos islotes de resistencia cedieron, Renault, Rhodiaceta, Citroën. Reanudaron el trabajo el 17 y 18 de junio. La huelga había terminado.

Los obreros, a pesar de todas las presiones de las burocracias de sus sindicatos y de las intimidaciones del gobierno, habían tratado de prolongar la huelga más allá del 30 de mayo; a su manera, habían afirmado que querían algo más que reivindicaciones de tipo económico, sin poder expresarlo y sin haber tenido tiempo para llevarlo a cabo. Lo que realmente deseaban era hacer la Revolución.

A manera de conclusión

Sin embargo, el impulso revolucionario de 1968 fracasó: el sistema tembló sobre sus cimientos y padeció un gran vacío de poder frente a la subversión revolucionaria. Tuvo que otorgar concesiones a nivel económico y político pero en su esencia el sistema –a pesar de que se renovó y se modernizó en los años siguientes– siguió siendo el mismo, aunque es indudable que los valores morales cambiaron notablemente desde aquel mayo, en particular en lo que se refiere a la liberación de la mujer. Así pues, como sucede siempre en la historia se trató de un fracaso relativo; la crítica del mundo enajenado sigue siendo vigente así como el anhelo de superarlo.

Aquella fuerte sacudida se declaró en contra del sistema dominante en todas sus variantes, incluida la pseudosocialista sin saberlo, iniciaba un ciclo que se cerró con la caída del Muro de Berlín y el derrumbe de ese socialismo que ya estaba putrefacto. A partir de entonces se ha iniciado un nuevo ciclo de gran inestabilidad en el que una vez más todo es posible.

Octubre de 1998

CATÁLOGO DE IDBCOM PUBLISHING

www.idbcom.com
josercrevueltas@idbcom.com

Biografías Breves

Músicos

Johann Sebastián Bach.

Ludwing Van Beethoven.

Federico Chopin.

Niccoló Paganini.

Wolfgang Amadeus Mozart.

Pintores

Leonardo da Vinci.

Miguel Ángel Buonarroti

Rafael Sanzio

Francisco de Goya

Vincent Van Gogh

Picasso

Arte

Grabados de Francisco de Goya

Impresionistas Americanos, volumen uno

Impresionistas Americanos, volumen dos

Escritores

Homero

Dostoyevski

Shakespeare

Helen Keller

Científicos

Galileo Galilei.

Albert Einstein.

Louis Pasteur.

Thomas Alva Edison.

Louis Pasteur.

María Curie.

Copérnico.

Charles Darwin

Políticos

Nicolás Maquiavelo.

Napoleón Bonaparte.

George Washington.

Pancho Villa

La Malinche

Hernán Cortés

Carlos Marx

Federico Engels

Abraham Lincoln

Resúmenes de las obras maestras de la literatura

La Ilíada

La Odisea

La divina Comedia

El cantar del mio Cid

La Celestina

El Lazarillo de Tormes

El retrato de Dorian Gray

Frankenstein o el moderno Prometeo

Marianela

Doña Perfecta

Moby Dick

Trafalgar

Pepita Jimenez

Obras de Óscar René Cruz

1954 el origen de la tragedia guatemalteca.

El primer presidente indígena de Guatemala.

Pelea de perros.

Minificciones Palindromáticas.

Coronavirus la tormenta perfecta

Autobiografía

Otros

Navidad en las montañas

Francia: raíces teóricas de Mayo del 68

Libros en inglés

Coronavirus: The perfect storm

Albert Einstein

Marie Curie
Christmas In the Mountains
The Iliad
Louis Pasteur
Thomas Alva Edison
La Malinch e

Francisco of Goya's engravings
Why the War?: The Disasters of War
American Impressionists. Volume one
American Impressionists. Volume two

ACERCA DEL AUTOR

Andrea Revueltas

Andrea Revueltas falleció el 20 de febrero de
2010 a los 71 años, fue profesora e investiga-
dora universitaria de larga trayectoria cuyo
principal campo de estudio fue la política y
la cultura mexicanas. Asimismo, fue la edi-
tora y preservadora de la obra de su padre,
José Revueltas.